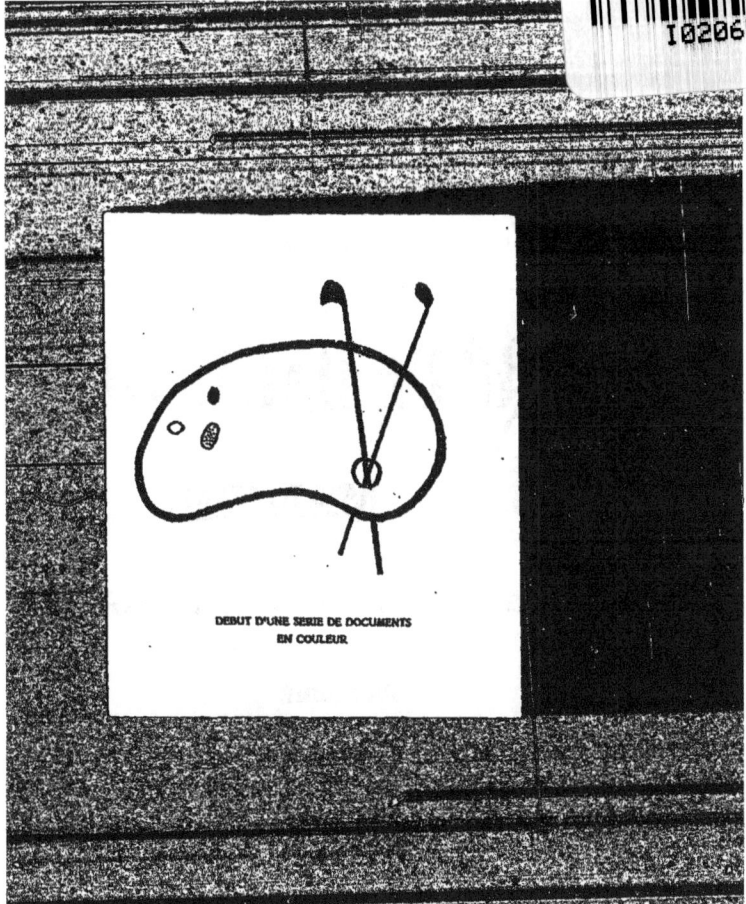

DEBUT D'UNE SERIE DE DOCUMENTS
EN COULEUR

Comte de MARSY

PIERRE DE HAUTEVILLE
dit LE MANNIER

Seigneur d'Ars en Beauvaisis

SURNOMMÉ

LE PRINCE D'AMOURS

BEAUVAIS
IMPRIMERIE AVONDE ET BACHELIER, 15, RUE DES FLAGEOTS
1900

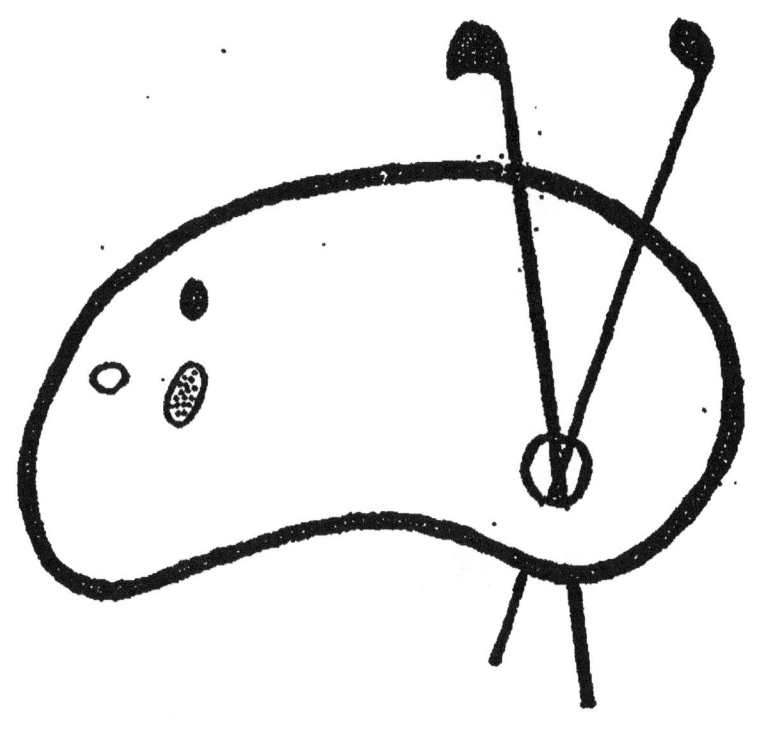

FIN D'UNE SERIE DE DOCUMENTS EN COULEUR

PIERRE DE HAUTEVILLE

SURNOMMÉ

LE PRINCE D'AMOURS

Comte de MARSY

PIERRE DE HAUTEVILLE

dit LE MANNIER

Seigneur d'Ars en Beauvaisis

SURNOMMÉ

LE PRINCE D'AMOURS

BEAUVAIS
IMPRIMERIE AVONDE ET BACHELIER, 15, RUE DES FLAGEOTS

1900

(Extrait des Mémoires de la Société Académique de l'Oise, tome XVII, 3ᵉ partie.)

Quelques jours avant sa mort, survenue le 29 mai 1900, le comte de Marsy avait envoyé à la Société académique d'Archéologie, Sciences et Arts du département de l'Oise l'article qu'il venait de terminer sur Pierre de HAUTEVILLE, *surnommé* le prince d'Amours.

Le tirage à part de cette œuvre posthume est offert par ses amis Émile Travers et le comte Lair

E. M.

PIERRE DE HAUTEVILLE

dit LE MANNIER

Seigneur d'Ars en Beauvaisis

SURNOMMÉ

LE PRINCE D'AMOURS

« Elle est gentille et aimable et de gracieuse déférence, la coutume nouvelle qu'ont adoptée nos jeunes poètes de se choisir un prince parmi leurs aînés ».

C'est ainsi que commençait, dans le *Gaulois* (1), l'article dans lequel M. Jules Case annonçait l'élection, par des poètes souvent peu connus, de M. Léon Dierx, à la succession de M. Stéphane Mallarmé.

Mais cette coutume n'est pas aussi nouvelle qu'on veut bien le dire et, à la fin du moyen âge et pendant la Renaissance, beaucoup de poètes plus ou moins illustres ont, surtout dans les villes du nord de la France et de la Belgique,

---

(1) Octobre 1898.

reçu ce titre, décerné par les membres de confréries littéraires comme celles de Notre-Dame-du-Puy à Amiens et à Abbeville, des Palinods de Rouen et par les nombreuses Sociétés de Rhétorique qui florissaient dans la plupart des villes de Flandre, réunissant les écrivains et les artistes.

Tous étaient-ils poètes parmi ces princes et n'en était-il pas un grand nombre dont on eût pu, comme de Mallarmé, célébrer surtout « la magnificence des poèmes qu'ils auraient pu écrire ». Chanoines, seigneurs et riches bourgeois, beaucoup paraissent avoir dû surtout leur élection à leur qualité de Mécènes ; et si la bourse des rimeurs de ce temps n'était pas beaucoup mieux garnie que celle de la plupart de nos contemporains, il ne faut pas s'étonner de ces derniers choix, car il en coûtait gros pour avoir l'honneur de voir son nom figurer dans un refrain palinodique ou un chant royal, au bas de quelque beau tableau comme ceux de la Confrérie du Puy d'Amiens ou sur les portes d'une église, telle que la collégiale de Saint-Vulfran d'Abbeville.

Toutefois, presque tous savaient rimer quelques lignes, soit en l'honneur de Dieu, de la Vierge et des Saints, soit à l'adresse de la dame de leurs pensées ou à celle de leurs compagnons de plaisir.

Parmi ces princes d'amour, il en est un qui se rattache au département de l'Oise, Pierre le Mannier, dit de Hauteville, seigneur d'Ars en Beauvoisis, petit hameau aujourd'hui dépendant de la commune de Cambronne-lès-Clermont, dans le canton de Mouy.

« Ars, écrit Graves (1), était, vers 1830, un hameau au sud-est de Cambronne, comprenant environ cinquante habitations. C'était, ajoute-t-il, une seigneurie particulière qui dépendait du Comté de Clermont et appartenait, dans le XVe siècle, à la maison de la Bretonnière, originaire d'Artois, d'où elle passa par alliance à la maison d'Hédouville. Ceux-ci la cédèrent en 1610 à Charles Du Plessis, seigneur de Liancourt. Cette famille d'Hédouville a sa sépulture dans l'église de Cambronne ».

---

(1) *Précis statistique du canton de Mouy*, p. 49.

L'Épinois ajoute à ces indications qu'Ars comptait, en 1303, 583 habitants et qu'à l'époque où il écrivait (vers 1875) il n'y en avait plus que 145 (1).

A la liste fort incomplète des seigneurs donnée par Graves, il ajoute, en 1352, la dame de Muret, d'Ars, qui figurait parmi les fieffés du comté de Clermont.

D'après le *Dénombrement du comté de Clermont en 1373,* publié par le comte de Luçay, on trouve qu'à cette date la terre d'Ars était tenue du château de Clermont par Jehan Faveriau. Elle comprenait « son manoir, jardin et lieu où souloit avoir deux pressoirs banaux, four banal, vignes, cens, corvées, champarts, justice seigneuriale, duquel sont tenus trois fiefs à Ars et un fief de la mairie d'Ars ».

Jehan Faveriau tenait encore du château de Clermont « un fief à Ars, celui qui fut le maire d'Haudivillers » et un autre à Vaux-sous-Cambronne.

Louvet, dans sa *Noblesse beauvaisine,* au mot Arcs (et Arces à la table), mentionne que « Jean d'Arcs, dit Martel, escuyer, tenait fief au village de Lis et portait de gueules au pot d'argent accompagné de deux arcs d'or, selon le dénombrement du comté de Clermont ».

Mais tout cela ne se rapporte en rien au personnage qui fait l'objet de cette notice; toutefois, Louvet le mentionne au mot Hauteville (p. 799), comme nous le verrons plus loin.

Le nom de Pierre de Hauteville, dit le Mannier, est donc resté ignoré de la plupart de ses compatriotes et c'est en Flandre, à Lille et à Tournai, qu'il faut aller chercher des renseignements sur ce favori des ducs de Bourgogne.

C'est grâce aux travaux de MM. le baron Amaury de la Grange (2), Félix Brassart et Frémeaux (3) que nous avons

---

(1) *Recherches sur l'ancien comté et les comtes de Clermont en Beauvaisis*; Beauvais, 1877, p. 163.

(2) *Pierre de Hauteville et ses testaments,* par A. de la Grange; Anvers, J. Plasky, 1891, in-8, 15 p. (Extrait des *Annales de l'Académie d'archéologie de Belgique*, 4ᵉ série, t. VI.)

Choix de testaments tournaisiens antérieurs au xvıᵉ *siècle,* par A. de la Grange. Tournai, 1897, in-8, 366 p. *(Société historique de Tournai.)*

(3) *Une vieille épitaphe lilloise. — Renseignements historiques sur Pierre de Haulteville dit le prince d'Amour et sur son bâtard Mᵉ Pierre*

connu l'existence de Pierre de Hauteville, et, ainsi que l'a fait récemment M. Léopold Delisle, dans un article du *Journal des Savants* (1), c'est en grande partie aux sources signalées par eux que nous emprunterons les éléments de la biographie d'un personnage que, jusqu'à ce jour, nous ne voyons mentionné par aucun des chroniqueurs contemporains.

Dans son dernier testament, daté de 1447, un an avant sa mort, Pierre le Mannier se qualifie :

« Pierre de Haulteville, seigneur d'Ars en Beauvoisis, conseiller maître d'ostel et général maistre des monnaies de Monseigneur le duc de Bourgogne ».

Depuis longtemps, cependant, il ne possédait plus, semble-t-il, ni cette seigneurie d'Ars, ni celles de Rousseloy et de Campremy qui lui avaient appartenu, alors qu'il était encore sujet du roi de France, dont il se qualifiait même échanson.

Comment les seigneuries qu'il possédait en Beauvaisis étaient-elles venues entre ses mains: c'est un point qui semble assez difficile à établir. Cependant, si nous examinons ses quartiers généalogiques, indiqués sur son épitaphe, nous y voyons figurer les armes de Roye, de Cayeux et de Campremy.

Les le Mannier, écrits aussi le Magnier, le Monnier et le Mognier, appartenaient à une famille de monnayeurs, puissante association, dont les membres unis entre eux se soutenaient constamment et jouissaient de privilèges considérables qui les firent entrer dans le corps de la noblesse et leur ouvrirent les portes de la Chambre des Comptes et des Parlements.

A la fin du xiv° siècle, à la tête de l'administration des monnaies figuraient les généraux maîtres des monnaies, c'est-à-dire les grands officiers qui constituèrent d'abord la Chambre et plus tard la Cour des monnaies.

---

de Haulteville, conseiller pensionnaire de Douai (1469-1486), par Félix Brassard, avec une généalogie rédigée par M. Frémeaux. (*Souvenirs de la Flandre wallonne*, 2° série, t. IV. Douai, Crépin, 1884, in-8, p. 79-105.)

(1) Juin 1898.

Chaque atelier monétaire comportait un maître particulier, deux gardes, un contre-garde, un essayeur et un graveur appelé *tailleur des fers* (1), enfin les ouvriers des deux sexes, dont la plupart n'exerçaient pas, mais après avoir prêté serment jouissaient des privilèges des monnayeurs qui se conservèrent jusqu'à la Révolution (2).

Les listes des monnayeurs nous sont connues depuis le milieu du xiv° siècle et nous y voyons figurer les le Magnier, dès 1375.

Cette année, le 8 septembre, le roi donne commission « à nos amez et féaux le baillif de Tournesis et Jean le Magnier, garde de notre monnaie de Tournay, de généraux réformateurs et inquisiteurs sur le fait des monnaies « au bailliage de Tournesis et enclaves et ressorts d'icelui, en la terre de Saint-Amant, ez villes et cité de Tournay et d'Arras et ez prévôtés de Beauquesne et de Montereul sur la mer et ressorts d'icelles (3) ».

Jean dut mourir dans les dernières années du xiv° siècle (4), laissant de son mariage avec une demoiselle de la Court-Neuve, quatre enfants : Pierre, l'ainé, objet de cette notice, Paul, Bernardin, et une fille, Jacqueline, mariée d'abord à Pierre le Muisy, qui faisait aussi partie de la corporation des monnoyeurs, et ensuite à Guérard de Cuinghiem, écuyer, reçu, en 1415, bourgeois de Tournai (5).

---

(1) F. de Saulcy. *Documents relatifs à l'Histoire des Monnaies*, préface, p. 12.

(2) Marquis de Surgères. *Les Artistes Nantais*, aux noms Ertaux, Fleuriau, Forget (l'un d'eux capitaine de navire se fait recevoir monnayeur en 1754); Bureau (Madeleine) est reçue tailleresse à la Monnaie en 1706, etc.

(3) F. de Saulcy. *Recueil des documents relatifs à l'Histoire des Monnaies*, etc. 1879, t. Ier, p. 536. (Arch. nat., Z., 458, etc.)

(4) Il fut inhumé à Tournai, dans le chœur de l'église Saint-Jacques. *Testament de Pierre*, de 1418. Guérard et Jacqueline testèrent en 1439 (n° 824), choisirent leur sépulture et laissèrent à l'église Saint-Jacques « une *quiente-pointe* de soye armoyé des armes du duc de Bar, laquelle nous voulons premiers estre mise sur le corps de cascun de nous après nos trespas, en lieu de paile, et que après le trespas de nous, demeure à l'église à tousjours ».

(5) *Ibidem*.

Pierre hérita, dit M. de la Grange, des fonctions de garde de la monnaie de Tournai (1), mais ne les garda pas longtemps. Nous nous demandons même s'il s'en fit investir, car, en 1400, nous voyons Bernardin de Hauteville, dit le Monnier, prêter serment comme garde de la monnaie de Tournai, emploi vacant par la mort de son père.

Il eut à diverses reprises des procès devant la Cour des monnaies.

En 1402, un personnage du même nom, et que nous croyons pouvoir identifier avec ce Bernardin ou Bernard, prête serment comme garde de la monnaie de Sainte-Menehould où il continue à figurer en 1406 et 1411 ; enfin en 1415 et 1417, on le voit remplir les mêmes fonctions à Châlons-sur-Marne.

Ces changements de résidence étaient fréquents. les gardes et officiers des monnaies étant de véritables entrepreneurs qui soumissionnaient la frappe d'un atelier pendant un certain temps ou pour une certaine somme à monnoyer.

Le 17 octobre 1415, les généraux des monnaies octroyent « à Bernardin de Hauteville, garde de la monnaie de Chalons, qu'il puisse monnoyer une fois ou deux XL sols la semaine, afin qu'il puisse montrer qu'il est monoyer du serment de France et qu'il se puisse franchir de la taille (2) ».

En 1416, Pierre fit hommage de la seigneurie de Rousseloy et Louvet, dans sa *Noblesse beauvaisine* (3), en fait ainsi mention :

« Pierre de Hauteville, escuier, sieur Dars, fit les hommages de Rinsseloy, en l'an mil quatre cens seize, selon le registre des hommages du comté de Clermont ».

Il nous semble avoir porté également ce nom en même temps que ceux de le Monnier et d'Hauteville, et nous croyons pouvoir lui rapporter une mention relevée par Saulcy de l'ouverture, à Sainte-Menehould, le 26 novembre 1403, des boîtes de la monnaie de cette ville en présence de Jehan Baroncel tenant le compte de la monnaie pour le compte du maistre particulier Rousseloy (4).

---

(1) *Pierre de Hauteville et ses testaments*, p. 7.
(2) Saulcy. *Op. cit.*, t. II, p. 187.
   P. 799.
   Saulcy. *Op. cit.*, t. II, p. 124.

En 1418, le 6 août, Pierre fit un premier testament sur lequel nous reviendrons; il s'y qualifie seigneur d'Ars en Beauvaisis, et ordonne que ce titre soit placé sur son tombeau, à ériger dans l'église de Saint-Jacques de Tournai, avec ceux d'échanson en ordonnance du roi Charles VI, et de *prince d'Amours* (1).

Quel était ce titre de prince d'Amours ? Le Mannier avait-il fait partie de quelqu'une de ces cours amoureuses qui se tinrent en France et ailleurs, en 1401, notamment, comme le prouve « la Charte de la Cour d'amour de 1401 », publiée par Ch. Potvin (2), où il ne figure pas; à celle de 1415, mentionnée par M. Frémeaux, et où aurait figuré Bernardin de Hauteville ; ou bien avait-il été simplement prince de la compagnie du puy d'Amour de Tournai, compagnie dont l'existence nous est attestée par de nombreux documents extraits des Comptes de la ville de Tournai et dans lesquels nous voyons chaque année « le prince d'amour » solliciter des Consaux aide de deniers pour supporter les dépenses que lui et ses compagnons doivent faire pour organiser la fête du 12 août en l'honneur du roi (3) ?

Cette fête consistait en une représentation théâtrale qu'ils donnaient à la halle, et en même temps qu'ils sollicitaient un secours en argent et le prêt de matériel et d'ustensiles, tels que hourdages, fallots, etc., ils priaient les Consaux de députer l'un des leurs pour leur servir de chef et conduire leur fête. En général, leur requête leur était accordée, mais en 1476, on y mit cette restriction qu'ils ne pourraient « jouer sur les princes, ni de la déconfiture advenue en Allemagne ».

Parfois, les compagnons de la Cour d'amour demandaient également un subside pour aller prendre part à des fêtes

---

(1) *Choix de Testaments*, 175.
(2) *La Charte de la Cour d'Amour de l'année 1401*, par Ch. Potvin. (*Bull. de l'Académie royale de Belgique*, t. XII, 1886).
(3) 7 sept. 1451. Le prince d'amour réclame aide de deniers pour supporter les dépenses qu'il fit à la fête donnée le 12 août précédent. Il n'y a pas d'Assens.
1452. On lui accorde 7 livres tournois.
1453. De la requeste faite par le Prince d'amour.

comme celle du Prince de Plaisance, à Valenciennes (1468), et la municipalité leur octroyait 100 sols, 6 ou 7 livres (1). De même, en 1461, avaient-ils reçu 1 livre de gros pour aller jouer au Quesnoy devant la comtesse de Charolais.

Mais laissons, pour un temps, le Prince d'amour, pour revenir au monnoyer qui, par suite, croyons-nous, de quelque erreur de scribe, ou peut-être de quelque vaine prétention, se fait parfois qualifier de « PRINCE de la Monnaie » de Tournai, titre que nous ne voyons jamais employé ailleurs, mais qui, dans le langage poétique que devait employer le Mannier, se confondait avec celui de *Maître.*

En 1418, le Mannier, nous venons de le dire, fait son testament, attribue de nombreux legs à ses parents, à ses amis de Tournai, et fixe sa sépulture au milieu d'eux, auprès de son père.

En 1420, il est envoyé par le Dauphin à Bourges, auprès du Conseil du roi, ainsi que nous l'apprend une quittance originale conservée dans la collection de Clairambault, qui nous donne sa signature et son sceau et dont voici le texte :

> Sachent tuit que je Pierre de Auteville, escuier, confesse avoir eu et receu de Guillaume Charrier, commis à la recepte générale de toutes finances, tant en Languedoil comme en Languedoc, la somme de trente livres tournois que Mons. le Régent le Royaume, Daulphin de Viennois, par ses lettres données le Ve jour de ce présent mois, m'avoit et a ordonnée et taxée pour un voyage par moy fait de la ville de Meleun en la ville de Bourges, par devers Mons. le Chancellier et autres du conseil de Mondit S^r le Régent pour ylec poursuir et attendre certains expédicion et appointement fait par ledit conseil touchant le bailli et capitaine dudit lieu et pour mon retour, comme par lesdites lettres peut plus à plain apparoir. De laquelle somme de XXX lt. je me tien pour content et bien paié et en quicte ledit Guillaume Charrier et tous

---

(1) *Extraits analytiques des registres des Consaux de la ville de Tournai* (1431-1476), par A. de la Grange. Tournai, 1893, in-8.

Il y avait également à Tournai, au milieu du xve siècle, d'autres sociétés littéraires qui n'étaient pas toujours aussi favorisées par les Consaux : c'est ainsi que nous voyons le « Couvent des Endormis » se voir refuser de quoi aller à la fête de Valenciennes (1462), ainsi que les ouvriers de Rhétorique, pour se rendre à « un jeu de personnages » à Bruges (1442).

autres qu'il appartient. Donné en tesmoing de ce, soubz mes seel et seing manuel le VIe jour de mars mil CCCC dix neuf (1420 N. S.).

Signé : P. de Hauteville (1).

Ce reçu en parchemin est scellé sur simple queue d'un sceau en cire rouge ainsi décrit par Demay :

Sceau rond de 25 m/m. Écu écartelé : aux 1 et 4, trois merlettes à la bande brochant, et 2 et 3, un vairé. Écu penché, timbré d'un heaume à lambrequins. Légende :

..... E DE AUTEVILLE

Peu de temps après cette mission, nous allons voir le Mannier abandonner le parti du roi pour celui du duc de Bourgogne.

Mais il nous faut rappeler que Tournai était une ville royale, fidèle à son souverain et insensible aux attaques dont elle pouvait être l'objet.

« Placée à l'extrême frontière, et environnée des états du duc de Bourgogne, elle était plus que toute autre ville dans une situation difficile. D'une part, les habitants voulaient conserver leur foi au Roi et au Dauphin ; de l'autre, il fallait ménager un voisin redoutable. C'est au milieu de ces difficultés que des esprits brouillons, comme il s'en rencontre toujours aux époques troublées, soulevèrent, sous diverses prétextes, des émeutes au sein de la cité (2) ».

M. le baron de la Grange, à qui nous empruntons les lignes qui précèdent, nous a fait connaître ces événements d'après un manuscrit contemporain.

Nous y voyons les partisans du duc de Bourgogne fomenter des troubles et s'efforcer d'enlever cette ville à l'obéissance du roi. Le nom de le Mannier n'y est pas cité, mais il est certain qu'il n'y resta pas étranger ; ses amis, ses parents même y furent compromis et parmi les chefs de la révolte

---

(1) Bibl. nat. Collection Clairambault, vol. VIII, f° 449, n° 91, et collection des sceaux, n° 4544.

(2) *Troubles à Tournai* (1422-1430), par A. de la Grange. (*Mémoires de la Société historique de Tournai*, t. XVII (1882), p. 291).

était Ernoul le Muisy, bourgeois de Tournai, plusieurs fois capitaine des arbalétriers. En avril 1426, malgré ses anciens services, ce vieux soldat, « qui avoit mené iceulx arbalétriers pour la ville ès affaires du Roy nostre sire et fait grand honneur à ladicte ville au temps passé », et était le parrain du bailli, n'en fut pas moins décapité.

Le Muisy était allié à Le Mannier, car la sœur de celui-ci, Jacqueline, avait en premières noces épousé Pierre le Muisy; de plus c'était lui aussi un monnoyer, que l'on voit figurer en 1396 comme maître particulier de la monnaie de Tournai (1).

En 1424, le Mannier a quitté Tournai et s'est retiré à Lille; il a abandonné le service du roi de France pour s'attacher au duc de Bourgogne.

Par ses lettres patentes du 24 juin 1426, ce dernier l'a nommé à l'office de « Conseiller et général maistre de ses monnaies, aux gaiges » ou émoluments de 400 livres de 32 gros de Flandre, « tant qu'il nous plairoit », et quelques années plus tard, le 19 janvier 1432 (N. S.), il lui confirme cet office avec le même traitement viagèrement « en considération de ses services et de ce que icellui nostre conseiller..... soit en voulenté et propos de soy briefment marier » (2).

Ce mariage fut contracté avec N. de Wasme, issue d'une famille du Tournaisis, mais celle-ci ne paraît pas avoir donné d'enfants à son mari. Elle lui survécut peu d'années et mourut en 1451 après avoir doté, en 1449, sa nièce Jeanne de Cordes, à l'occasion de son mariage avec Hugues A la Truye, fils d'un premier conseiller et maître des comptes des ducs de Bourgogne (3).

En août ou septembre 1433, Hauteville acheta la bourgeoisie de Lille moyennant 60 sous d'Artois.

Pendant près de vingt ans, de 1428 à 1447, il fut un des

---

(1) Saulcy. *Éléments de l'histoire des ateliers monétaires de France*, 1877, p. 95.

(2) Frémeaux. *Souvenirs de la Flandre wallonne*, 2ᵉ série, t. IV, p. 99.

(3) Frémeaux. *Op. cit.*, p. 100.

quatre Commissaires nommés par le duc pour le renouvellement de la loi de la ville de Lille (1).

En 1428, ses biens de Beauvaisis ont été confisqués, ainsi qu'il résulte de lettres de Philippe le Bon du 16 novembre 1428, qui donne « a son amé et féal escuyer, conseiller et général maistre de ses monnoies, Pierre de Hauteville, seigneur d'Ars », en récompense de ses services et en dédommagement des pertes que la guerre lui avait causées dans *ses terres de Beauvoisis, autour de Paris et de Tournai*, une pension annuelle de deux cents francs de 32 gros de Flandre, à prendre, tant qu'il plaira au duc, sur une terre située en Hainaut qui fut à feu messire Alemand, bâtard de Hainaut et ensuite à Jean de Bavière, oncle du duc de Bourgogne » (2).

Nous voyons dans l'*Histoire monétaire des comtes de Louvain, ducs de Brabant*, par M. Alphonse de Witte (3), que Philippe le Bon, comme duc de Brabant, avait, en 1430, deux maîtres généraux des monnaies, dont l'un était Pierre de Hauteville que nous trouvons également avec ce titre dans un compte de monnoyage de 1434-1435 (4).

A la veille de sa mort, dans son second testament fait en 1447, Pierre le Mannier énumère complaisamment ses titres parmi lesquels figure toujours celui de seigneur d'Ars et auquel viennent s'ajouter ceux de « conseiller, maistre d'ostel et général maistre des monnoies de mon très redoubté seigneur Monseigneur le duc de Bourgogne et de Brabant ».

Le 10 octobre 1448, le Mannier mourut et fut enterré à Lille dans l'église des Frères mineurs (5). Aucun document ne nous renseigne exactement sur son âge, mais nous pouvons supposer qu'il avait de soixante-dix à soixante-quinze ans.

---

(1) Frémeaux. Indications prises aux Archives départementales du Nord et aux Archives municipales de Lille.
(2) *Ibid.*
(3) Anvers 1896, t. II, p. 8. (Publication de l'Académie royale d'archéologie de Belgique.)
(4) *Idem*, p. 13. Il y est appelé Pierre Danteville. Dans un compte postérieur du 1er nov., 31 déc. 1437, nous voyons figurer comme essayeur un Justin Danteville, qui était sans doute de la même famille.
(5) Procès-verbal notarié. *Souv. de la Flandre wallonne*, IV, 1884 p. 84.

Après avoir retracé la vie politique du seigneur d'Ars en Beauvaisis, il nous reste à parler de l'homme privé que nous font connaître ses deux testaments. Rédigés à trente ans de distance, ils nous montrent le personnage fastueux, l'amateur et le lettré et en même temps le financier aux mœurs faciles qui, n'ayant pas d'enfants légitimes, dotait largement son bâtard et la mère de celui-ci, et faisait de nombreux cadeaux à ses amis et à ses compagnons de plaisir.

Ces documents ont été publiés, le premier en entier par M. de la Grange, et le second par extraits seulement par M. Frémeaux.

La première préoccupation de Hauteville, dans son testament de 1418, est de se faire élever un monument funéraire digne de la situation qu'il occupait déjà et il en règle ainsi l'exécution :

« Vueil, ordonne et eslis place pour gésir en l'église de Saint-Jaques de Tournai avec mon feu père, que Dieu absoille, Jehan de Hauteville, dit le Mannier, lequel gist dedens le cuer de ladite église joignant l'estapleau, à l'encontre de la chapelle Saint-Nicolas.

« Item vueil et ordonne que on employe la somme de L lb tourn. en faire faire et asseoir dedans le mur, ou pardessus le mur au dehors, lequel qui mieux se porra faire, à l'opposite de la place où mondit feu père gist, du pilier de ladite église Saint-Jacques de l'autre renc ou à l'un des piliers dudit cuer, 1 tableau de pierre de marbre bis, taillié et eslevé de ymages, c'est assavoir un personnage de moi à genoux, armé de ma cotte d'armes et des couleurs d'icelles, et devant mes genoux mon bacinet. Et soyt une image de la Trinité faite et entaillée, devant laquelle je soye agenouillé.

« Item, vueil que monseigneur Saint Michiel et monseigneur Saint Jorge soient tous drois derrière mon personnage, et me présentent devant la Trinité. Après veuille que la champagne du tableau soit toute semée de couronnes bleues, de fin azur ou du meilleur après, que on porra trouver ; et que ladite champagne soit le fons d'argent ou de fin blanc, et puis les couronnes bleues comme dit est dessus semées ; et que ès bordures dudit tableau qui seront d'autre couleur, soit mon nom tout entour, c'est assavoir GODDANC, de lettres d'or eslevées, et une branche de valériane, une herbe que je porte, entre les mos ; et que audit tableau soient emploiez L francs et non plus comme dit est. Et soit assis à la discrétion et bon avis de mes exécuteurs, ainsi qu'ils verront que le mieux faire se pourra à la conservation dudit mur. Et soient les ymages bien dorées et paintes de fines couleurs, le plus richement que faire se porra. Et soit escript oudit tableau :

« CY DEVANT GIST NOBLE HOMME PIERRE DE HAUTEVILLE, DIT LE MANNIET, SEIGNEUR D'ARS EN BEAUVOISIS ET ESCHANÇON EN ORDONNANCE DU ROY CHARLES VI° DU NOM, LEQUEL PIERRE FUT APPELLÉ EN SON TEMPS PRINCE D'AMOURS, ET TRESPASSA *tel jour*. TOUS LÉAUX AMOUREUX VUEILLENT PRIER DIEUX QU'IL AYT L'AME DE LUY. AMEN ».

Son départ de Tournai empêcha Hauteville de donner suite à ce projet, et dans son second testament il régla le nouveau monument qui lui a été élevé à Lille.

Il n'y a donc pas à rechercher ce qu'aurait été ce premier mémorial, mais nous pouvons en donner cependant une idée exacte, car il existait, il y a une trentaine d'années, dans l'église aujourd'hui démolie de la petite ville d'Antoing, près de Tournai, un monument contemporain presque identique consacré à la mémoire du noble chanoine Robert de Quinghien ou Cuinghiem, mort en 1429, et qui était le proche parent, peut-être le frère du mari de la sœur de Hauteville.

MM. A. de la Grange et Cloquet en ont donné une reproduction dans leurs *Études sur l'art à Tournai* (1) et l'ont complétée par la description suivante du baron J. Béthune (2) :

« Substituez un guerrier au chanoine, saint Michel et saint Georges à saint Jean-Baptiste et vous aurez l'idée de ce qu'aurait été ce bas-relief sculpté sur pierre et polychromé, comme en exécutaient les artistes de Tournai dont la réputation était alors universelle et qui envoyaient les produits de leurs ateliers non seulement dans tous les Pays-Bas, mais dans le nord de la France, l'Allemagne et l'Angleterre.

« Dieu le père, vêtu d'une robe rouge et d'un manteau d'or

---

(1) *Études sur l'art à Tournai et les anciens artistes de cette ville*, t. 1ᵉʳ, p. 157-158.
(2) *Bulletin de la Gilde de Saint-Thomas et Saint-Luc*, 1893-99.

fourré de vert, est assis sur un trône d'or ; devant lui deux anges, sortant à mi-corps de la bordure et couverts de dorures, soutiennent en guise de baldaquin une étoffe rouge richement diaprée d'or et d'azur et doublée de vert. Dieu le père a la tiare sur la tête, encadrée de cheveux et d'une longue barbe dorés ; ses pieds reposent sur un coussin rouge, diapré d'or et d'argent. Ses mains contiennent une croix dorée à laquelle est attaché son divin fils ; une colombe, image de l'Esprit-Saint, sort de la bouche du Père et vient se reposer au sommet de la croix..... » (Suit la description des figures du chanoine et de son patron.)

C'est dans l'église des Frères mineurs de Lille que fut enterré Hauteville. Là, encore, il avait soin d'indiquer avec grands détails le monument qui devait recouvrir son corps :

« Item, je vueil et ordonne, sy tost que bonnement faire se porra, que sur mon corps soit faicte et assise une lame de marbre bis, faicte à Tournay, à ung bon ouvrier, et ou milieu d'icelle lame, soit fait de laitton, assis et attachié le plus fort et le mieulx que faire se porra, mon heaume et hachement, tel que je le porte et les couleurs y appartenans, mon escu aussi en cautel, auquel escu soient faictes et gravées bien et nettement mes armes, des couleurs telles qu'elles sont, et, aux quatre corniers de ladicte lame, soient fais et assis, de laitton fort et bien attachiez, quatre escus des armes cy après devizées, tant de par père, comme de par mère. C'est assavoir : les deux escus de par père, à dextre d'icelle lame, l'un ou coing en hault, l'escu d'or à une croix ancrée de gueules qui sont les armes de Cayeu, chief de mes armes. L'aultre escu à dextre aussy en bas, l'escu d'argent à une bende de gueules à six merlettes de meismes qui sont les armes de Camp Remy. Item, en hault sur la bande, pour brisure et différence d'armes, y ara un petit escuchon en umbre, c'est à dire trait de noir, c'est de sable, assis ledit escuchon tout droit à mont en ladicte bende et, en iceluy escuchon y ara une bende d'argent, qui sont les armes de Roye. Item les deux escus à senextre, de par mère, l'escu d'en hault, de gueules à trois aigles d'or, qui sont les armes de la Court Neuve et l'escu du coing d'en bas à senextre, esquartelé, le premier quartier, d'argent à ung lyon de sable billeté de meismés, qui sont les armes de le Plancque, et l'aultre quartier, faissié et varié de six pièces d'or et d'azur à une bordure de gueules qui sont les armes de Ghines. Laquelle lame, je ordonne et vueil estre faicte nettement et forte, pour durer, et que on y employe jusques à vingt-cincq francs de XXXIJ gros le franc, non point plus, et que en l'ourlé de laitton de ladicte lame y ait gravé ce qui cy après s'ensuit en ryme et que meismes ay fait et ditte ».

Nous ignorons comment le tombier tournaisien s'est acquitté de sa tâche et nous ne possédons pas la pièce de vers rimée par Hauteville. Un procès-verbal notarié, rédigé le 27 août 1480, par Jehan Herencq, notaire apostolique et impérial, à Lille, constate seulement qu'il s'est transporté ce jour en l'église des Frères Mineurs de cette ville, « en laquelle, en une petite chapelle estant à dextre main de l'entrée d'icelle église, ay trouvé une épitaphe de laitton, enclose au plat du mur, dedens laquelle y a escript et qui par moy fu leu, mot après aultre, en la présence des témoins cy après nommez (1) ce qui s'ensieut :

CY DEVANT GIST NOBLE HOMME PIERRE DE HAULTEVILLE, DIT LE PRINCHE D'AMOURS, SEIGNEUR D'ARS EN BEAUVOISIS, EN SON TEMPS ESCHANSON DU ROI CHARLES VIe DE CE NOM ET AU JOUR DE SON TRESPAS CONSEILLER ET MAISTRE D'OSTEL DE MONS^r LE DUC DE BOURG^{ne}, DE BRABANT ET DE LEMBOURG, CONTE DE FLANDRES. DES BIENS DUQUEL PIERRE A ESTÉ FONDÉ UNG OBIT PERPÉTUEL EN CESTE CHAPELLE, MOYENNANT LA SOMME DE SOIXANTE LIVRES MONNOIE DE FLANDRES QUI FURENT EMPLOYÉS EN LA REFFECTION DU REFROTTOIR DE CEST COUVENT ET DOIT LEDIT OBIT ESTRE FAIT CHASCUN AN PAR TEL JOUR QUE LEDIT PIERRE TRESPASSA QUI FU LE Xe JOUR D'OCTOBRE L'AN MIL CCCC XLVIJ. PRIÉS DIEU POUR SON AME.

Ce mémorial, fixé le long du mur, a pu être placé concurremment avec la dalle tumulaire recouvrant le corps du

---

(1) Les témoins étaient : « Vénérables, sages et discretes personnes frères Nicole de Baisieu, bachelier en sainte théologie, Jehan Prévost, prebtre, religieux audit couvent des Frères Mineurs et Philippe Briffault, sergent à mon très redoubté seigneur mons^r le duc d'Austriche et de Bourgogne, en sa prévosté de Lille ».

défunt, et le notaire, requis dans un procès par le fils naturel de Pierre de Hauteville, s'est contenté de cette mention qui avait pour but d'établir la position sociale du conseiller du duc de Bourgogne.

Les écussons placés sur la dalle tumulaire méritent de nous arrêter quelques instants, car ils nous fournissent, croyons-nous, l'indication nécessaire pour établir l'origine de la possession de la seigneurie d'Ars.

Ce sont, outre les armes de Hauteville au centre, quatre quartiers, deux paternels et deux maternels,

Les quartiers maternels, la Court-Neuve et le Plancque-Ghines, appartiennent à des familles tournaisiennes.

Du côté paternel, c'est Cayeu qu'il qualifie de *chef de ses armes*, de l'autre Campremy, avec une brisure des armes de Roye. Si nous nous reportons à la généalogie de la maison de Roye, donnée par la Morlière (1), nous voyons qu'au commencement du xiv° siècle, Jean, seigneur de Roye, prit alliance dans la maison d'Offémont, d'où vint Mathieu, seigneur de Roye, *Muret* et Guerbigny, en 1348.

Nous avons vu qu'en 1352, Graves indique une dame de *Muret,* dame d'Ars, figurant parmi les fieffés de Clermont.

Telle nous semble être l'explication de l'entrée de la seigneurie d'Ars dans la famille de Hauteville, c'est-à-dire une alliance avec une des descendantes de cette dame de Muret, et le rappel des armes de Roye, dans celles de le Mannier.

Le mot GODDANC, que le Mannier avait adopté pour devise, en même temps qu'il choisissait pour emblème la branche de *Valériane*, signifie *Dieu merci* en flamand. Il l'avait tellement fait sienne que c'est ainsi qu'il signe son testament de 1418, et sans doute aussi celui de 1447, sur lequel M. Brassart a lu G. Goddain. De même, il faisait figurer un peu partout des couronnes bleues.

Le Mannier pense à assurer par des prières le salut de son âme, et dans ce but il se recommande à deux des sociétés

---

(1) Ed. in f. p. 121. La Morlière mentionne également, p. 21, un Jean, seigneur de Cayeu, de Vismes et de Senarpont, qui n'eut que deux filles, dont une mariée avec Pierre de Mammez, seigneur de Ravemberque. — Faut-il lire Mannier? En tout cas Ravemberque sent bien sa Flandre.

littéraires dont il faisait partie à Tournai, sociétés de bons vivants qui savaient mêler l'agréable à l'utile, comme on le constatera par les deux articles suivants, où l'on voit que les prières seront suivies d'un repas joyeux :

C'est d'abord la *Verde prioré* de Saint-Jacques, qui reçoit IIII livres tournois, pour une fois, « par condition que, au jour qu'ilz les auront reçeues ou les vorront recevoir, ou au plus long dedens VII jours après, ilz feront dire, par eulx gens d'église ou par autres, une messe de *Requiem* pour l'âme de moi, à diaque et soudiaque, à l'heure de huit heures, et non plus matin. Et seront tous les confrères tenus de y estre et offrir à l'offrande, s'ils sont en santé et en ladite ville. Et aussi chacun ara, d'iceulx confrères, sur la teste ou entour le col, I gracieux chapelet de pervenches ou d'autre telle verdure et florettes qu'il lui plaira; et puis yront dîner ensemble en récréation et boire ycelles IIII livres dessusdites ».

Le Mannier considérait cette fondation comme assez importante pour confier à ses exécuteurs testamentaires la mission de la rappeler sur un tabel de laiton.

La compagnie du *chapel vert* (ou chapelet) en Tournai, dont il était compagnon, était l'objet d'une libéralité analogue pour le cas où le Mannier en ferait encore partie au jour de son trépas.

Soixante sols tournois, pour une fois, lui étaient attribués, à charge de faire dire messe et vigiles, selon « le contenu en la lettre signée par lui et ses compagnons, au nombre de douze ».

S'il n'a pas payé son dîner, qui arrive le premier dimanche d'août, il demande que l'on fasse « un franc dîner tel qu'accoutumé est honorablement en pareil cas et que les onze compagnons survivants y soient priés et soient bien aises à ses couts et dépens. Et chacun devra avoir un chapelet vert sur la tête ou au col durant la messe et le dîner. S'il a payé son dîner dans l'année, les compagnons devront se contenter des 60 sous. t. ».

Cet usage de porter des couronnes et des chapelets de fleurs dans les cérémonies religieuses et dans les banquets était alors fréquent; il se conserva à Amiens jusqu'au milieu du XVIII° siècle.

Le Mannier habitait à Tournai une maison située « devant le nuef portail de l'église Saint-Jacques, en la place nommée le Palais ». Il y avait réuni de beaux meubles et des œuvres d'art importantes.

C'est ainsi que nous le voyons léguer à sa nièce Mariette, fille de Jacqueline et de feu Pierre le Muisy, une œuvre du peintre Ernoulet, exécutée pour lui et ainsi décrite :

« j tabernacle tout noef, point d'or dedens et amont et les fueilles à 7 hymages et le fons dedens semé de couronnes bleues ; et y a dedens ledit tabernacle j crucifis taillié, Nostre-Dame et saint Jehan, et encore une autre ymage de Notre-Dame tenant Nostre-Seigneur ; et sont tous iceulx ymages de taille dorés de fin or. Et encore y a un personnage de taille, vestu de mes armes, à genoux ; lequel tabernacle Ernoulet le paintre me paindi. Et est au dehors paint et pallé de mes couleurs et ès jointures de la palleure semé de couronnes bleues, lequel tableau est assis en ma chambre ».

A sire Jehan Wettin, prévôt de Tournay, une table ronde toute neuve, avec le pied qui la soutient, et un « grand plat d'estain, pesant XX liv. ou environ, taillié au fons de mes armes et sur les bors au dehors taillié de lettres, et aussi je ly donne deux grandes elles (ailes) d'argent de painture plumetées que on atache audit plat quand on en sert à table » (1).

A Pierre Soris, procureur en court laye, « pour les courtoisies non desservies qu'il m'a faites, la somme de XV liv. tournois, dont je vueil qu'il face faire un gobelet d'argent, auquel GODDANC soit escript entour, pour y boire en souvenance de moi ».

Comme beaucoup de Tournaisiens de cette époque (2), Le Mannier possédait une bibliothèque de quelque importance, et il en dispose en faveur de quelques parents et amis.

Ainsi, ce même Pierre Soris reçoit un grand livre de papier bien épais, qui contient plusieurs ouvrages, notamment : Les dits des philosophes, Boèce de Consolation, Prudence et

---

(1) On retrouve cette disposition sur des tableaux contemporains.
(2) M. L. Delisle a fait ressortir ce fait, en analysant, dans l'article indiqué ci-dessus du *Journal des Savants*, la publication de M. de la Grange.

Mélibée, L'Eschequier moralizié, guide de l'art d'Amours, les méditations saint Bernard, l'Orloge de Sapience, le Miroir de Chrétienté, les Cent Ballades, etc. Voilà, certes, une suite variée d'ouvrages qu'on ne s'attend pas à trouver « logé en [mêmes] aisselles ».

Bernardin reçoit un autre livre de papier, le plus épais, après le grand. Il est moyen, commence par un cahier ou deux de parchemin renfermant le calendrier en latin et autres médecines; Pierre lui recommande de le bien garder et de le visiter, car il y a moult de bonnes choses, et afin d'éviter une erreur, il en transcrit la première phrase : « Tout ly aucteur qui traittèrent de fizique dient ».

Guérard de Cuinghlen, second mari de sa sœur, reçoit « mes heures que je dis continuelment, aux cloaus de ma devise », et un livre de papier clos en aisselles, qui parle des Chroniques de France et de plusieurs autres chroniques.

Enfin, messire Jehan Braque, chevalier, qu'il désigne comme un de ses exécuteurs testamentaires, se voit gratifié d'un Romant de la Rose, enluminé d'or, et d'un livre du Trésor, traduction sans doute du traité si répandu de Brunetto Lattini, les deux ouvrages reliés ensemble; de plus, c'est à lui que reviendront ses « patenotres d'argent pesant environ II mars que me fit Mahieu Poterie, orfèvre, et sont les enseignes esmaillées de couronnes ».

Ce Jehan Braque, dont le nom se trouve ici, était un monnoyer, appartenant à une famille parisienne qui comptait depuis près d'un siècle parmi les plus importantes de la corporation, et dont une rue de Paris, située près des Archives, a conservé le nom (1).

Jehan Braque avait été garde de la monnaie de Tournai, et

---

(1) M. Noël Valois a consacré une intéressante notice à Nicolas et Amaury Braque, conseillers de Jean le Bon, dont l'un était maître de la Monnaie de Montdidier. Disgraciés par le Dauphin, lors de la révolte d'Étienne Marcel, les frères Braque surent tirer plus tard une sanglante vengeance de leur dénonciateur Jean d'Arrabloy, ancien maître particulier de la Monnaie de Saint-Lo. (*Notes sur la Révolution parisienne de 1356-1358. — La Revanche des frères Braque. Mémoires de la Soc. de l'Hist. de Paris*, t. X, p. 100-126, 1884.)

avait vu son frère Arnoullet lui succéder dans ses fonctions.

Ce dernier est employé comme maître à Paris, à Rouen, Sainte-Menehould et Tournai, et tous deux devaient être intéressés dans les mêmes opérations financières.

Le Mannier, dans ce premier testament, ne fait aucune allusion à son fils naturel, et tout nous porte à croire qu'il ne naquit que quelques années après sa rédaction. M. Brassart dit qu'il avait soixante ans en 1480, ce qui placerait sa naissance vers 1420.

Il l'eut d'une fille nommée Jeanne Mouton, « lors non mariée », fille de Gillart Mouton, et native de Tournai.

Celle-ci épousa, à une date que nous ignorons, Robert Gosse, et fit, le 30 décembre 1454, un testament où elle choisit sa sépulture et fit des legs à son fils Pierre de Hauteville et à la femme de celui-ci (1).

Dans son testament de 1447, Hauteville se préoccupe du sort de son bâtard et de celui de sa mère, et rappelle qu'il a baillé en garde, à Jacques le Louchier, demeurant à Tournai, et à présent lieutenant de Monseigneur le bailli de cette ville, « une lettre de vingt couronnes de France, appréciées à XLIJ gros de Flandres la couronne... icelles vingt couronnes achatées et acquises par moy aux vies de Jehanne Mouton, fille de feu Gillart et mère de Pierre de Haulteville, licencié en loys, mon filz inlégitime, que j'ay eu d'elle et le derrain vivant tout tenant, pour icelles lettres estre en seures mains, à la conservation et seurté de mondit filz ».

Élevé évidemment sous les yeux de son père, le bâtard de Hauteville, qui paraît avoir été également fort bien doué, était, à vingt-deux ans, en 1442, avocat sermenté au siège de

---

(1) *Testaments tournaisiens*, n° 952. « Sy eslis ma sépulture en le cymentiere Dieu et Madame S. Marguerite, c'est assavoir dedens le moustier, devant l'hôtel S. Jehan Baptiste. Item, je donne à maistre Pierre de Haulteville, mon fil, une coupe dorée à couvercle d'argent. Item, je donne à la femme de maistre Pierre de Haulteville unes patrenostres de coral à deux boutons de perles et ung bouton de mits (?). Item aussi je donne mes petites patrenostres de coral à Nostre-Dame en l'église S. Marguerite. Item je donne à Pieronnelle de Warlaing ung anul d'or à tout ung safir ».

la gouvernance de Lille, et le 8 mars de cette année, il recevait de Philippe le Bon des lettres de retenue comme conseiller et advocat en la gouvernance; en 1452, le même prince le nommait maître des requêtes de son hôtel. Dès lors, il ne cessait d'acquérir de nouvelles fonctions, de nouveaux titres : maître de la chambre des comptes de Lille, lieutenant du gouverneur de Lille, lieutenant général du bailli d'Amiens (1466). Mais, doué d'un assez mauvais caractère, comme l'établissent des documents mis au jour par M. Brassart, il eut des difficultés avec le seigneur de Crèvecœur, alors bailli, et partit de cette ville « à la lanterne et bien à point, pour ce que Mons' le bailli le queroit ou faisoit quérir par ses gens pour lui faire villonie ou desplaisir ». Peu après son retour à Lille, Hauteville fut nommé conseiller pensionnaire de la ville de Douai, fonctions qu'il conserva jusqu'à la date de sa mort, en juin 1486.

Destiné sans doute d'abord à l'état ecclésiastique, il se maria deux fois : en 1449, avec Marie Ruffault, veuve d'un maître des comptes de Lille, Fierabras Boidts, et, peu de temps avant sa mort, avec une autre veuve Katerine Lallart, dont le premier mari était un échevin de Douai, Henri Fœullet. Il n'eut pas d'enfants de ces deux mariages et laissa deux fils « illégitismes » : 1° Pierre de Haulteville, dit Hercullés, clercq, sergent de la gouvernance, natif de Lille, époux sans enfant de demoiselle Enguerande des Fossez, et 2° Josse de Haulteville, clercq, et époux sans enfant de demoiselle Jehanne de Hermaville, également sergent du duc en la gouvernance.

Nous n'irons pas plus loin dans cette descendance naturelle de Le Mannier, et si nous avons cru devoir parler avec quelques détails de son bâtard, c'est que non seulement il fut comme son père prince d'amours, élu en 1449, à Lille, et que, sans doute sans grand motif, il s'intitula, lui aussi, seigneur d'Ars en Beauvoisis.

L'extrait d'un mémoire rédigé par lui, dans un de ses procès, en 1480, contre le chef de l'échevinage des treize mois pourra servir d'épilogue à ces lignes :

« Fait à présupposer, toute vantise et jactance arrière mise, que ledit de Haulteville (Pierre II) est filz naturel d'ung homme légitime, noble de quatre costez, yssu de plusieurs bannières, qui tout son temps vesquy et morut sans reproche ».

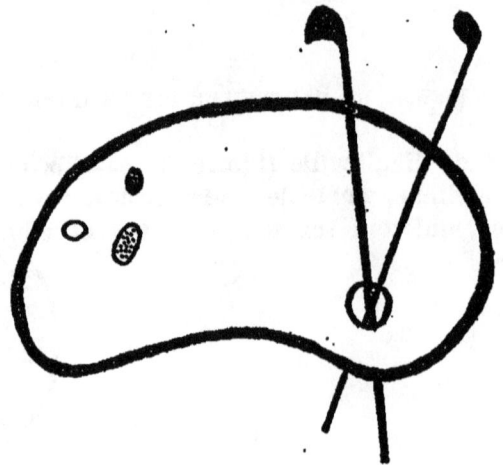

ORIGINAL EN COULEUR
NF Z 43-120-8